이름의 벽

홍대욱 시집

이름의 벽

달아실기획시집
44

보조 용언과 합성 명사의 띄어쓰기 등 본문의 맞춤법은 시인의 의도에 따른 것임.

시인의 말

세 번째 시집도 올여름 저의 생일 가까운 날에 펴내게 되었습니다.

가까운 핏줄 같은 인연은 없지만 박제영 시인의 '멀고도 힘든 길이니 숨을 잘 고르라'는 충고를 여전히 명심하지만, 어느 노랫말처럼 "그것만이 내 세상"이었고 그럴 것입니다.

벗이자 동지 박선희 님에게 고마운 마음으로 이 시집을 드린다는 묵혔던 인사를 전합니다.

2025년 7월
홍대욱

차례

이름의 벽

시인의 말　5

1부. 이름의 벽

이름의 벽　12
나　14
항抗그리움　16
고랭지 여자　17
진주의 넋, 잇다　18
남원 가는 길　20
겨울 원행遠行　22
길잠　23
마리안 페이스풀　26
죽음이 우리에게 말을 거는 방법　28
객사　29
고요새　30
찹쌀종이 지옥　31
무정연가　32
포물선의 사랑　33
죽을 지경이라면서　34
푸른 사과와 고래　35
먼지 연옥　36
발밑 보라 꽃　38
발칸의 이리나　39
남현희　40

1센티미터 책등의 우주　42
감정약국　44
거름의 시간　45

2부. 고카페인 김수영

고독生　48
고카페인 김수영　49
구원　50
그때　52
그라데이션　53
그리운 콜라　54
꽃잎의 추신　55
꽃 문신의 사내　56
꿈꾸는 플라타너스　58
눈물의 묵시　59
노래　60
늦눈　62
다시 밥을 짓기 위하여　63
두 개의 물병　64
라볶이를 먹는 법　66
신기루 부엌　68

3부. 롱테이크샷

롱테이크샷 70
머리카락을 짧게 밀며 71
무게 72
멍 74
문어의 마음 75
바다의 마음 76
밤 흰 꽃 77
밤샘이여 안녕 78
밥때와 컵라면 물이 덥혀질 사이 80
성난 성자 81
소나기 82
용대리 폭포 83
소란한 날의 애가 84
외딴 아이스크림 창고 86
이름표의 서정 88
장마의 첫날 89
전갈과 먹구름 90
청동의 여인 91
초록 등대 92
푸른 가출 93

탐침	94
산수유	96
聖 겨울 쪽지	97
해월海月	98
화천 가는 길	99
환멸	100

해설 _ 저항하는 행위자의 사랑 • 신상조　　101

1부

이름의 벽

이름의 벽

선유도 폐 정수장 푸른 이끼 벽 앞에 서서
사랑을 기억한다
눈 가려진 사랑이 다시 세워진 벽
어느 날 우리
눈빛의 방아쇠를 당기고
달구어져 무른 쇠의 몸
불꽃을 나누었으며
들꽃의 모가지를 바쳐 무릎 꺾었다
이 길은 아무것도 모르고 이끌려 왔다가
그대 입술에 숨겼던 길
너로 들어가는 험한 길
나로 돌아오는 험한 길
그칠 줄 모르는 전쟁의 시대
사람이 죽는다
사랑이 죽는다
살을 헤집고
뼈를 부러뜨리는 너란 강선腔線
탄피는 쩔그렁거리고
나의 등은 피가 터져

세월에 갇힌 글씨가 물드는
이름의 벽
사랑을 기억하리니

나

꼴사납기도 하지만
쓸쓸하든 기쁘든 시와 노래에서
늘 앞세우곤 하는 이름 바로 나
사랑했다든지 사랑한다는
알 수 없는 동사의 주어로 살지만
언젠가 말을 꺼내면 눈물 핑 돌곤 하던 바로 나
죄도 짓고
잘못도 많이 했으며
나 아닌 너의 풋사랑 첫사랑
무찔렀던 나
내가 잘못했다
나로 시작해서 나로 끝나기 싫어서
가리키는 손가락을 너에게 돌리지만
나는 오로지 나의 탓
나를 죽이고 가마*
아침 햇살로
밤 별로 빛나는 말씀 들려오는데
곧 저물거나 스러질 테지만
여전히 우울하거나 헤매이는

서툰 첫 발음, 나
삶도 죽음도 나의 탓이다

* 전태일, 〈일기〉 중에서

항抗그리움

사랑해서 죽는 일은 좀처럼 없다
그리워서 죽는다
견디는 힘은
곪지 않는 힘과는 다르고
사랑과 미움에는 약도 없다지만
그리움도 잘 낫지 않는 병에 속한다
슬픔보다 애를 먹이는 고질이다
풍경은 지나가고 시간은 흐른다
사랑인 것 같아도 그리울 뿐인
세월을 기다릴 수 있을까

고랭지 여자

장미의 중심과 배추의 중심은
똑같이 활짝 피어난다
섭리보다 아름답고 정직한 사람
폭설을 견디는 햇살 좋은 오두막집
쌀쌀하지만 따뜻한 연옥이
예열하는 지옥보다 낫다
도시 구석진 곳 살 적에
들어오는 어귀부터 환하게 밝혔다가
떠나는 너른 마당에 길고 무거운 그림자 끌어당기며 걸어간 그대
드리운 그늘에 사는 나는 행복하다
해칠지도 모를 겨울 햇살 죽창을 막고서 감싸주는
드높은 고랭지 여자

진주의 넋, 잊다

나 어릴 적부터
토영 토영* 하는
어머니 사투리를 듣고 자랐다
어머니 고향은 진영이다
어머니는 내가 들어간 학교 장일조 교수님과 당시 문교부 이규호 장관의 이름을 알아보시고는
진영 사람들이라고 했다
그리고 경남 진영에서도 창궐했던 서북청년단에 납치되어 치도곤을 당한 외할아버지 이야기를 했다
일본식 벚꽃 무늬 천 표지로 감싸인 사진첩에 꿈결처럼 흐르는 어머니 처녀 시절
진영 진주 김해로 이어지는 연대기
어머니가 문학소년 나의 넋에 아로새긴 박경리 김정한 사금파리 글자들
어머니가 베푼 책
프랑소와 사강 슬픔이여 안녕
이강국 민주주의 조선의 건설
그것만이 내 세상
엄마는 어느 봄날 아침

집안 구석마다 정안수를 떠놓고
토영과
진영 진주 김해 부산을 까맣게 잊었다
진주의 넋
꿈의 진주를 잃어버렸다

* 경남 '통영'의 사투리 발음은 노상 이렇게 들렸다.

남원 가는 길

바람이 차질 때부터 살 집을 찾으러
남원으로 가는 길
삼례역에서 남원에 이르는 길은 뜨겁지만
눅진눅진 열차 창에 달라붙지 않고
뜻밖에도 또렷했다
길이란 목적지를 향한 것이면서
나 자신이고 나의 삶이기 때문에
군위에서 동대구, 부산 가는 길 차창엔
아나키스트*와 마르크스주의자**의 얼굴이 어리고
남원으로 곡성 가까이 가는 길엔
동학농민군과 국토의 시인*** 피맺힌 노래가 어린다
돌아온 역에는
빗속인지 밤의
치맛자락인지 모를 풍경
집을 찾지 못했다
이 손에서 저 손으로 옮아간
신산한 삶의 손때만 가득한
등기부등본의 이름들도
저 먼 길 거쳐서 슬픔 또는 어둠의 품으로 돌아온 것일까

* 하기락 선생님.
** 고 김수행 선생님.
*** 조태일 시인.

겨울 원행遠行

할 수만 있다면 멀리 가고자 했다
돌아올 일이 아득했지만
주저앉아 못 만나고 가 닿지 못하기는 싫었기 때문이다
꼬마가 비눗방울을 날린다
뾰족한 못 앞의 풍선처럼 위태로웠던 삶도
전하지 못한 연애편지의 원혼—허물다 만 벽의 낙서도
저 뒤로 멀리멀리
찬바람이 비눗방울을 날리고 터뜨린다
내 꿈은 언제 깨졌을까
누구 하나 붙들고 물어볼 새도 없이
저 뒤로 멀리멀리
멀리 가면 돌아오기 싫어지기를 꿈꾸며
멀리멀리

길잠

논두렁 밭두렁에서 밥 나누듯
공공근로 노인들이 둘러앉아 점심을 먹고 그늘과 파고라를 찾아 깜빡 낮잠을 잔다

여수에 일하러 갔다
정유공장 노동자들이 회사의 핵심 가치를 실천한 성공담을 취재하러 갔지만 직전의 파업 이야기와 쓰라린 삶의 이야기를 밤새 들었다
박정희가 묵었다는 유럽식 게스트룸에서 강경애, 아니 강경아*를 읽었다
낮에 들었던 파업 이야기가 떠오르자 시인의 말처럼 내가 있는 그곳이 "허공 한 채"**처럼 느껴졌다
상사, 동료, 가족까지 동원한 설득과 회유, 파괴 공작을 피해 조합원들이 일제히 공장을 빠져나가자 나는 비상운영조로 투입되었다. 비가 억수같이 쏟아졌다. 공장은 지대가 낮아서 만일 물이 차올라 정전이라도 된다면 심각한 사태가 올 수도 있었다. 갑자기 단번에 전원이 끊기면 복잡하고 거대한 파이프라인의 촉매 따위가 굳어버려 공장 전체가 마비되고 재시동까지 얼마나 시간이 걸릴지 모르

게 될 것이다. 걱정은 현실이 되었다. 암흑이 닥치고 천둥이 심장을 뒤흔들었다. 짧은 시간 안에 거의 동시에 정상적인 셧다운 절차를 끝내야 한다. 설비 운전원은 나 혼자였다. 다른 사람들은 긴급 차출된 사무직과 영업사원이었다. 여기저기서 아비규환이었다. 나는 손으로 깔때기 모양을 만들어 다급하게 소리쳤다.

"히터 퓨얼오일, 가스 전부 잠그세요!"
"조 팀장님은 차지 펌프 트립!"
급히 히터 핍홀을 열고 상태를 확인하고 있는데 무전기에서 당황한 목소리가 들려왔다
"나는 뭘 해야 돼?"
"스플리터 아이솔레이션, 빨리요!"***

그날 한여름 밤
바닷바람 쏘이며 노동자 부부가 외동아이를 달래며 해변에서 길잠을 잔다
누군가 하모니카를 불었다
공장 앞 여수 밤바다가 거대한 허공 한 채처럼 느껴졌다

* 여수 출신의 시인.『푸른 독방』(2018).
** 강경아,『허공 한 채』(2018).
*** 바로 그날 들은 한 노동자가 겪은 일이다. "귀족 노조" 경영진 모의 참수 및 화형식을 빌미로 한 "패륜 노조" 등 자본과 권력, 언론방송의 총공세로 파업은 패배했다.

마리안 페이스풀

연변 아가씨는 나의 노총각 벗에게 편지를 썼다
투먼圖們의 밤하늘 별이 얼마나 아름다운지, 그대 공작은 잘되어가는지
공작工作이라고 읽고 인생이라고 받아들였다
황혼녘에 아이들 노는 모습을 지켜보는 쓸쓸한 노래는 마리안 페이스풀과 믹 재거 둘 다 불렀다*
사랑할 적마다 사랑한 후에 전인권 노래를 들을 때마다
그 두 사람과 나, 나의 그녀를 그렸지만
해는 날마다 뜨고 날마다 저물었다
나의 벗은 기다린 결혼 서류에 재혼이라고 쓰인 걸 보고 낙담했다
녀석은 하네다 공항에서 잡역부로 일하고 도쿄 어시장에서 생선 궤짝을 나르다 불법 체류자로 수갑을 차고
돌아와 총각인 채 죽었다
유골함에 담긴 녀석의 뼛가루는 따스했다
교회 공동묘지 조약돌밭 위에 뿌려졌다 마당에는 아이들 뛰노는 소리가 가만히 퍼져 나갔다
사랑의 공작은 실패했다
어떤 사랑의 속눈썹은 젖지도

화장이 번지지도 않는다

* As tears go by.

죽음이 우리에게 말을 거는 방법

 사잣밥을 주워먹더라도 삶은 계속되어야 한다는 외마디는
 서러운 거짓말
 조금씩 아픈 것은 그만큼 행복의 열매를 아꼈다가
 쪼개서 먹고살았다는 뜻이다
 보통은 남의 행복을 훔치지만 남의 불행을 훔치곤 했다
 아침마다 또는 노을이 잦아오면
 사과처럼 베어 물고 잇몸에 피가 난 채 물끄러미 서 있다
 어느 날 나의 어머니 하루아침에 정안수 떠놓고 넋을 놓았다
 뱀한테 물려본 적은 없지만
 아프다가도 아프기보다는 서러움을 닮은 기쁨도
 가슴이 저린 것 같기도 하고
 팔뚝이 아픈 것 같기도 했던 세월 모두 까먹고서
 어머니, 지금은 오늘은 이 세상에 속해 있지만
 언제 적부턴가 저세상에 발을 담그고 있는 것 같아요[*]

[*] 송기원, 『별밭공원』.

객사

따라다니며 비추는
늦은 오후의 겨울 태양
변함없이 그림자들이 걸어 다니고
버림받거나 지상에서 오려진
영혼의 그림자겠지
누군가 가위질로 잘라낸
종이 인형일지도 몰라
어느 길섶, 어느 한데에 누가 쓰러져 누울까
꿈, 미련, 사랑, 미움, 모두 놓고서
우리는 꿈꾸지 못한다
악몽이 우리를 다시 낳을 수 있을 뿐

고요새

이제서야 알았네
도요새를 부르는 노래가 있을 뿐
고요새는 세상에 없는 새라는 걸
섬진강 고요새-
서울서 순천 농군에게 시집간 벗을
아내는 그리 불렀다
그리운 섬진강
아내와 나도 하동 악양에 살고자 했네
고요새는 우리의 오랜 꿈
울지 않는 새란 죽은 새일지도 모르고
날짐승도 사나워야만 한세상 버틸 테지만
중뿔날 것도 없이
뽐내지 않고 갈숲에 묻혀 사는 푸른 꿈
고요새

찹쌀종이 지옥

이 세상에서 살아남기 위해
마약을 뱃속에 삼키고
터져 죽는 생사의 모순
어릴 적 쓴 약을
찹쌀종이에 싸 먹었다
쓰디쓴 세상
동남아시아에서 한국 오기 전
정강이 차이고 뺨 맞는 훈련하듯
세상 맛보기 전 단련이었는지도
마약 삼키는 지옥이나
쓴 약 싸 먹는 어린 지옥이나 다르지 않다
아시다시피 종말이 어제오늘 오진 않았지만
황혼과 여명은 핏빛이고
우리 내일이라는 날들은 바보들이 무덤으로 가는 길을
비춘다*

* 셰익스피어, 『맥베스』.

무정연가 無情戀歌

건널목 낙엽을 휘몰아쳐 지나는
자동차에게 자비란 없듯
사랑은 머무는 법이 없다
우리 모두 서로에게 무심한 속도거나
풍경의 잔상에 지나지 않는다
사랑의 약속이란
꼬마 때부터 썼다가 고치고
찢어버린 생활계획표
삶을 바꾸겠노라는 결심
사랑한다면 행복할 수 있다는
음화의 흐릿하고 부끄러운 그림자

포물선의 사랑

그대에게 곧바로 갈 수 없습니다
돌고 돌아가는 동안
그대는 이미 도착해 있고
가로놓인 길마다 역마다
그대 그림자
허공은 휘어 있으므로
사랑은 더디고 긴 시간의 호를 그리고
나의 현은 닿을락 말락 애가 타지만
물수제비의 침몰 죽음 허무를 피해
건너편 당신에게 반원을 그리며 날아갑니다
마음은 일직선, 사랑이란 포물선

죽을 지경이라면서

사랑한다면서
정작 전기와 기계가 다 해주는 삶
물풀처럼 한들거리고
불새처럼 타올라
사랑할 때도 있었지만 까마득하다
고대인들은 씨 뿌리는 날
흙바닥에서 성교했다
무릎 까지며 포도알 같은 눈에 혀를 갖다대며
죽을 지경이라면서
정작은 전기와 기계의 힘으로 사는 우리
언제 제힘으로
불새처럼 타오를 수 있을까

푸른 사과와 고래

먹고 말하고 노래하는 인간의 입에 고래의 몸은 아무 맛도 없다
하지만 평생 한 번 볼까 말까 한 유영과 물 뿜는 포효처럼 잊히지 않는 억센 지느러미 질긴 몸은 잊을 수 없는 느낌을
먹고 말하고 노래하는 입에 남긴다
고래란 초콜릿과 사과의 이종교배
붉은 것은 사랑이 아닐지도 모른다는
이 아침의 절망을 구원하는 한 알의 푸른 사과
공중에 매달려 철 이르게 썩어버리지 않고 가을 폭풍에 낙과로 죽지 않으며
달콤하다 쓰디쓴
사람의 입과 말보다 진화한
땅 위의 고래, 푸른 사과

먼지 연옥

rien à faire*
딱 한 번 단 한 번
거미를 진공청소기로 빨아들인 죄
이 먼지의 연옥
아찔한 계단 밑 내려다보고
습자지처럼 뿌연 하늘 뒤 어질한 푸른 산 그림자 찾는다
조선민주주의인민공화국 최고재판소 군사재판부가
시인 임화에게 사형을 선고한 날**에 자욱했던 안개 대신
이 먼지들
레지스탕스 사무엘 베케트가 프랑스인 동지의 전문을
되도록 짧은 영어로 옮긴 것처럼
암호처럼 타전해야 할 시인데도
종잇장처럼 얇아진 가슴을 조이며
애처로이 전선에 간 자식을 생각하는 외로운 어머니를
아무도 돌보는 사람이 없는 존재로 그렸다는 죄
그러나 사람은 외롭고 부조리하니까
쪽지의 무한 불안과 아찔한 희망 사이
모스 부호와 공백의 침묵 사이
점자의 돋을새김 글자와 밋밋한 평면 사이

당신과 나 사이의
오늘 이 먼지들 속에도
시가 있나니
희뿌연 처참이여

* 사무엘 베케트(Samuel Beckett).
** 1953년. 〈고도를 기다리며〉 초연.

발밑 보라 꽃

짓밟히지 않는 법을 가르친 당신은
허공에 매달려 철 이르게 썩어버린
열매를 맺었습니다
작은 보라 꽃으로 살아남거나
낙과가 되거나 같은 운명입니다
땅에서 솟아 나오는 힘
떨어지는 열매의 힘
사랑도 이와 같이
실낱같은 외침
기억나지 않는 꿈결
봄도 삶도 이와 같이
꽃 떨어진 외딴 목련처럼

발칸의 이리나

어머니와 나를 저버린 외교관 아버지
독일이 통일된 이후 부임한 불가리아
냉전이 끝났지만 불도 못 때는 벽난로가 있는 공관에서 떨었다고 했다
가끔 북녘의 김평일*과 찍은 사진이 신문에 실리곤 했다
시큼한 발효유를 여행자에게 건네며 미소 짓는 이리나
그녀의 어머니 쏘프카 할머니 말씀하길
발칸산맥 아래에선 부지런해야 삽니다
전화교환원, 점원, 농군으로 살아온 평생이었다
쏘프카가 이리나에게 전한 부엌 아궁이의 불씨는 오늘도 굴뚝에 연기를 피우고
신의 담뱃진 내음 같은 연기가 여기 이곳까지 풍겨온다

---

* 당시 주불가리아 조선민주주의인민공화국 대사.

남현희

백 년에 한 사람 나올까 말까,
칼의 전사
세파와 광풍
열 길 물속을 거스른
사람 마음에 꺾인 날갯죽지
그대가 있는 풍경엔
테네시 왈츠*가 흘러요
낱말들, 잔 다르크, 탐욕, 욕정
방구석에 숨이 죽은 이불 한 채
아름답고 아스라하고
추악하고 아름답고
삶의 만화경 속에서
알록달록 반짝이고
베여서 피 흘리고
그 옛날 파펜하임** 동화 같은
슬프고 아프고
뼈저리고 더럽혀진
칼날 섬광 같은 행복이여 안녕
칼자루 쥐어도 불행한

여자의 삶이여 안녕
사랑이여 부디
골동품 칼처럼 무뎌지기를

* 페티 페이지의 노래(1948).
** 독일의 동화 작가. 신경증 환자로서 상상임신에 의한 자신의 아기에게
들려주기 위해 쓴 동화가 걸작으로 남아 있다.

1센티미터 책등의 우주

책장을 광막한 우주로 본다면
1센티미터가 안 되는 자리를 차지하는 나의 시집
다른 이들의 시집도 크게 다르지 않은 운명
1센티미터의 우주지만
몸을 불려 적을 압도하는 생물처럼
10밀리미터씩이나의 자리
그리고 없다고 해서
세상에 쓸모가 없거나
타오르지 않는 시는 없지
좁디좁은 내 마음
타인의 존재에 인색하고
지하철 자리에 끼여 앉아
용써서 버티고 지키는 민폐
아, 나는 처음 아이 아빠가 되어
신촌기차역에서 백마역 가는 협궤열차에 먼저 오르려
어리고 여린 쌍을 어깨로 밀어붙여
무찌른 양아치였다
그날 아내가 안고 있던
갓난 아들은 훗날 놀이터 미끄럼틀 위에서 또래와 처음

싸울 때
　날 보고 배운 난폭을
　따라 했을지도 모른다
　이 연옥에 참 선한 이는 언제 오려나
　잉글리시 페이션트에서
　사랑을 기다리며 죽어가던
　캐서린 말처럼 지상을 구획한
　지도 따위는 지니지 않은 채
　한 마리 벌레처럼 1센티미터
　자리에 행복하게 깃들일 수 있을까

감정약국

금발 검은 머리 아리따운 그미들 벗을 청하지만
미처 다하지 못한 사랑의
아픔과 눈물을 아는 저로서는
차마 사랑할 수가 없습니다
지구 어디선가 태어난 태풍 아가씨 이름 같은 엘리퀴스
톨킨의 글자가 고통으로 환생했을까 콜킨
알약을 날마다 삼키지만
산에서 불사초를 뒤지거나
불사신에게 조아리지 않는 까닭
사랑 하나는 마치고 죽어야 하므로
그러나 情死가 죄일지라도
언제나 꿈자리 한구석
임종을 앞둔 알전구처럼 깔딱이는 건
그대 사랑하기 때문에

거름의 시간

모든 것은 아니지만 읽었습니다
이제 업그레이드할 수 없는 세대입니다
전사일 때도 설탕 애인일 때도 있었던 또래였지만
이제 다시 거름이 될 시간입니다
노여움으로 타는 불길이었던 세대
귀정이처럼 거리에서 짓밟혀 죽고
맞아 죽고
태순이처럼 죽임을 당해 철길에 버려지고
욕조에서 질식해 죽고
상처도 오욕도 있지만 영혼 기병의 머리는 다시는 업그레이드 불가
대지와 대기는 오로지 심장만을 받아줄 뿐
거름의 시간만 남았습니다
폭풍의 흔적은 폐허
섬길 수 있는 희망의 증거는 오직 거름뿐입니다

2부

고카페인 김수영

고독生

그림자 연극처럼
비쩍 마른 마을 노인끼리
언제 혼자가 되었느냐고 묻는다
누구나 혼자 아니냐며 항변하는
마음의 미스터리
혼자가 되면 어쩌나
사랑을 잃으면 죽을지 몰라
벌에 쏘인 허벅지처럼 밝아온
사랑의 새벽빛은 스러지고
언제 혼자였는지
언제부터 둘이 아니면
못 살게 되었는지
손가락을 꼽아보는 것이다
혼자 화투를 떼며
님 오시는 때를 알고픈
시간의 순교자들
불현듯 예수가 묻노니
언제부터 사랑했는가
바로 나 또는 당신을

고카페인 김수영

 피 한 방울 없는 국어책, 영어책, 수학책으로 죽어갈 때
 담배를 비벼 끄고, 그림 그리는 학생 사촌형의 테레빈유를 문질러 해어지고 얼룩진 시집 거대한 뿌리
 아침은 본드, 점심은 각성제, 저녁은 김수영의 거대한 뿌리를 달여 마시고 살았다
 정신이 놋주발처럼 쨍쨍 울리고
 좀벌레의 솜털만도 못한 국어책의 악령들이 뽑혀 나가고
 활자들은 타올라서 살갗에 불도장을 찍었다
 그 힘으로 애꾸가 되지 않았고 미국놈 좆대강이나 빨지 않았고 반동이 되지 않았다
 김수영, 나의 힘, 나의 레드불, 나의 악마

구원

면도를 하며
내 구원의 순간들을 떠올린다
예후가 좋은 뇌경색 환자가 면도하는 모습을 보고
어느 날 일하다 쓰러져 머리를 열어보니 뇌가 피에 절었을 정도로 뇌출혈이 온 전라도 광주의 노동자 청년이 한없이 부러운 눈빛을 보냈다

그는 어릴 적부터 예쁜 옷 사 주고 맛있는 것 사 주며 애지중지한 여대생 조카의 면회를 기다렸다 동생과 제수가 똥오줌을 치워주는 자기 신세가 창호지 뒤의 촛불처럼 그의 눈동자에서 흔들리고 있었다

갑자기 가슴속에 회오리가 휘몰아친다 어떤 메모들, 변색된 폴라로이드 사진, 휴지, 담뱃재와 먼지, 종잇장이 날리는 거센 바람의 나날, 모기들, 솜털, 알 수 없는 대낮의 가위눌림, 혼령 같은 게 옆구리를 찔러 모로 누워도 악몽의 늪으로 빠져들었던 날,

누군가가 소름으로 돋아났던 쓰디쓴 날, 모두 용서하고 화해하고만 싶었던 달디단 복음의 날, 마음의 감옥에 갇혀 살았던 모든 나날

이 구원이 언제 처음으로 돌아갈지

살아남으려고 면도날을 피하는 뾰루지 하나의 목이 잘린다
 피가 흐르고 나는 눈 감고 기도를 바친다
 태풍의 아리따운 이름 같은 엘리퀴스*가 나를, 나의 피를 구원하기를

* 항응고제.

그때

잠실에서 성남으로 질러서 가는 약진로라는 지름길이 있다
늘 내 사랑은 모자랐고 닿지도 않았다
야근을 마치고
오늘처럼 으슬한 날이면
은성한 석촌호숫가 불빛들을 뿌리치고 버스를 집어타고
따끈한 백합탕을 그리며 집 큰길 건너 포장마차를 향해
비약하고팠지만, 그저 약진해 나아갔다.
내 사랑 푸른 소주병
카사블랑카에서 클라크 게이블, 자욱한 럭키스트라이크 연기
간유리처럼 흐리고 뽀얀 국물 밑 보이지 않는 그대 마음과 아득한 앞날
지난날 피 묻은 손수건처럼 더럽혀진 떡볶이집 붉어진 냅킨 위의 시
흐려지고 슬픈 것들의 이름은 모두 꽃의 이름
폭풍의 이름은 모두 하와의 후예
떨어지고 흩날리는 것들의 이름을 기억하며
따끈한 생물 백합이 그립다

그라데이션

날씨가 좋으면 활짝 웃고
흐리면 마음 안쪽으로 눈꺼풀을 닫고
아파도 감추고 서성이는 그대
저무는 저녁
꽃잎 열리는 아침
그대 그림자
울타리의 장미가 붉듯
영혼의 테두리가 내게로 번져온다

그리운 콜라

대학생 군사훈련 유격장에도
사람은 있었다
그 인간다움은 초임 장교 훈련 때 유격장 꼭대기에 지고 올라와 얼음물에 담근 환타를 파는 행상 할머니에게
배웠노라고 했다

발레파킹 노동자였을 적에
내리꽂히는 한낮의 햇살 죽창을 피해
함석 부스로 도망치면 얼음 콜라가 있었다. 당번 동료가 아침에 제빙기에서 갖다 놓고 일찍 출근한 동료는 1.5리터짜리를 사 들고 온다
노동자의 벗은 노동자뿐
겨울엔 손난로와 라이터 휘발유를 선물받았다
삼성노조 고공농성에 응원의 경적을 울린 것은 택시 노동자
오로지 처마시면 심장을 망가뜨리고 이와 뼈를 녹여버린대서 끊었지만
그 옛날 사람이 살던 때에
나를 또 살렸던 그리운 얼음 콜라

꽃잎의 추신

꽃편지는 잘 받았습니다
꽃의 장례 소식이 아니라서 마음 놓였습니다
자식, 고추는 여전히 빳빳한지,
그대가 벗에게 수소문했다는
안부는 조금 슬프고 아팠습니다
피고 진
이름 없는 이름들은 메아리치고
짙푸른 속으로 숨고 말겠지요
편지 끝에 양초로 쓴 불멸의 말
사랑한다는 추신 위에 입맞춥니다
사랑합니다

꽃 문신의 사내

123번
잠시 내 인생에 붙었던 죄수번호
재수할 때 드나든
종로2가 콜라 디스코텍
낙인이 되어
공중목욕탕 로커도 거기 맞춘다.
주민등록번호처럼 아무 의미도 없는 숫자
소지*가 건넨 서머싯 몸 소설책
간지에 적힌 숫자였다.
천부 인권처럼 태어나면 이미 소득을 가진다는 기본소
득**을 대부르주아지와 리바이어던이
인민에게 베푸는 용돈, 신의 은총으로 여기는
이 지옥에서는 뜻 없고 덧없는 숫자-
내가 눈길 피해버린 사내
삶을 짊어졌을 등
사랑을 멘 어깨 한가득
장미 한 송이와 뭇풀꽃이 흐드러졌다
인어의 비늘이나
뱀처럼 파르라니 살갗을 가지고팠던 청춘이 스러져갈

즈음
  저 사내의 등허리 꽃밭이 부럽다
  깨닫노니
  숫자의 세상은 멸망해야 마땅하다
  일 못하는 놈이 단수만 세듯
  시인은 살갗에서 숫자란 숫자
  글자란 글자
  샌드페이퍼로 갈아내고
  끌로 파내고
  피칠갑 되었다가
  저 사내 등에 피어난 풀꽃들
  불도장 찍어야 하리니

* 구치소 안에서 허드렛일이나 심부름을 해주는 동료 재소자.
** 본디 철학적 맥락은 '존재자 소득'이다. 얀 믈리에 부탕, 『꽃가루받이 경제학』(서희정 옮김) 참조.

꿈꾸는 플라타너스

조지아 텔라비라는 곳에
있다는 플라타너스는
왠지 꿈마다 그려도
눈, 코, 입은 지워지던 그대 얼굴
어른거리는 옛적 느티나무
길 건너 단팥 공장 솥마다 김이 오르고
술 담근 살구를 몰래 꺼내 먹고 취해
외롭다 칭얼거리던 사내아이
성긴 손깍지 풋사랑 그대
접착식 앨범에서 떼어내려다
찢어지고 말았다

눈물의 묵시

언제 운 적이 있던가
울었다,
벼랑에서 엄마가 내 손을 놓치는 악몽 끝에
내 잘못이 아니라고 토닥이는 뜨거운 가슴에 안겼을 때
울었다,
어둔 밤길에 오는지 멀어지는지
알 수 없는 그대 긴 그림자가 드리웠을 때
울었다,
녹초가 된 아이를 의자에 누이자
악에 받쳐서 욕설을 퍼붓던
신촌기차역 주점 노파의 세파에 깎인 얼굴
언제일까 통곡이 터질 날은
홍수가 임박한 것처럼
가슴 가득 차오르는 슬픔의 물 높이가 높아만 가는데
울리라,
삶이 도저히 감당 못 하는 슬픔
죽음보다 못 버틸 그대 없음, 사라짐 때문에

노래

후배 편집자가
느닷없이 나의 조각 글을 묶자며
"외롭고 높고 쓸쓸한"이라고 말했을 때
그것이 백석의 시제인 줄 몰랐다
혼잣술로 지새는 블로거에겐
사는 게 재미없다고 투덜대는
첫 시집을 낸 이이체라는 이웃과
무슨 영문인지 새벽같이 샛노란 이클립스 자동차로 셋집들 빼곡한 마포 골목길을 질주하는 하재봉이라는 이웃이 있었다
가난한 사랑의 노래*는 눈물겹고
붉은 군대 합창단의 스텐카 라진은 드높았다
할아버지 기다리다 버스에 치여 등이 굽고 만 어눌한 나의 할머니가
옛날에 금잔디 동산에 메기가 아니라
메리라고 고쳐 부르는 노래
그리고 아아, 아니 로리**
옛노래가 사이렌 소리처럼 퍼져가는 삶의 오후
비는 언제 오시려나 후텁한 우리 사랑

* 신경림.
** 김종삼 선생님은 '애니 로리'를 이렇게 썼다.

늦눈

하염없네요 내 사랑
세상에 너무 늦은 것이란 없어요
이미 오래전 도착한 그대
그 아득한 날
파랗게 멍든 기차를 타고
새벽의 역에 와 있었어요
나보다 아픈 가슴은 세상에 많아요
사랑은 늦는 것이 아니라
죽거나 녹아버릴 뿐
문득 우편함에 손을 깊숙이 넣었을 때
손끝에 당도할지도 모를 내 사랑
우체국 자동차 빨간 아랫도리
읽을 수 없었던 편지의 하혈
흰 눈이 젖어
고백의 잉크가 번질지도 모르니
심장 가까운 안주머니에 간직합니다
부디
모쪼록 안녕히

다시 밥을 짓기 위하여

성폭행을 당해 결혼한 여자의 이야기를 듣고 시를 지었다
나의 시 부엌의 노래
나는 밥을 짓지 않아요
미움을 품은 채 지은 밥은 사람을 죽일지도 모르니까요
그러므로 나 또한
다투거나 세상으로부터 해코지를 당한 날이면 밥을 짓지 않는다
마음의 도개교를 들었다 내렸다
성긴 사랑의 날들, 띄엄한 목숨들
정작 스스로를 위해 밥을 짓지 않는
유산된 사랑
다시 밥을 지으려고
사람이 죽는 일은 없어야겠지만
우리는 늘 꿈의 앞섶에 쌀뜨물
피를 철철 흘리고 있다

두 개의 물병

소년 배낭에도 쏙 들어가는
커피 담는 보온병
생수 담는 병
이 물병 두 개면
저 너머 끝까지 가볼 수도 있습니다
그대가 선물한 이 물병 두 개
무슨 사연이든 스러지는 날까지
버리지 않을 거예요
우린 한 손에 쏙 드는 물병만으로
모세처럼
로자처럼
그랑 부르주아를 단숨에 경멸할 수 있는
특별한 계급입니다
애너벨 리일 수 있는
애너벨 리를 사랑할 권리를 가진
지상의 특권 계급
날개가 꺾이고 불탄다 해도
입에 문 꽃가지도
고통이라는 껌도 뱉지 않을

불량한 천사들
우리 계급에 속한
많은 순교자들이 있었습니다
지난겨울 지상에서 도려내진
이주노동자들
컨베이어 벨트에 휘감겨 죽고
강철과 강화유리 문틈에 끼여 죽고
달세를 못 낸 그이와 아빠 손에
목 졸려 죽고
강간당한 애너벨 리들
이 불타는 지옥에서 한철을 견딜
물병을 두 개나 가졌으니
나는 얼마나 행복한가요

라볶이를 먹는 법

오스카 와일드 정장을 입은
시인 앤 카슨의 사진을 보며
병원 앞 김밥천국에서 라볶이를 먹는다
우리 행성은 변했다
붉은 입술을 저마다 하얀 손수건으로 감추었다가 비로소 드러내는 이상한
종족, 풍경이 되었다
빠마를 한 국수에
조선 고추장을 푼 신비한 끼니
더티 해리*가 매그넘45구경으로 쏘자
놈이 빠져서 빨강 핏물이 수영장에
퍼진다
국물 마신다
면치기를 한다 입가에 핏물 튄다
쥐 잡아먹은 입을 닦고
하얀 수건으로 다시 입을 가리고
나선다
병원 시계탑 위에 태양이 뜨겁다
비로소 김수영 시인이 비숍 여사와 연애한다는 문장이

무슨 뜻인지 어렴풋해진다

* 클린트 이스트우드 주연의 범죄 수사 영화(1971).

신기루 부엌

질마재 신화의 새색시처럼
귀신이 되어
재처럼 가루인 채로
따끈한 밥 아랫목에 묻어놓고
공중에 떠올라 나를 기다리는
할미가 있습니다
할미는 분홍 재로 초록 재로
다소곳이 내려앉고 말겠지요
그 자리엔 밥을 묻은 묏등이
동그마니 숨 죽은 누추한 이불 위로
솟아 있을 겁니다
갑작스러운 촛불의 연소
돌연한 바람
찬란히 흩어지는 색동 가루
그립고 죽어가는 우주

3부

롱테이크 샷

롱테이크샷

촌스럽다고도 하고
그 옛날 변두리 이발소 그림처럼
어딘가에서 베낀 것도 같은
노래방 배경 화면을 사랑합니다
돌이켜보면 누구에게나
그렇고 그런 풍경, 삶이 아니었습니까
새들이 일제히 날아오르는 강변
사랑 미움 기쁨 슬픔 아프고 저린 주마등
우린 그 풍경을 살아왔지요
멀리 조그맣게 잡힌 그 남자 그 여자가 바로 그대와 나
아득하지만 사랑했던
풍경이 마음 따라서 지나가고 흐릅니다
우리 언제 멈춰 찍혀서 순간 또는 영원이 되어
낯선 곳에서 액자에 걸릴까요

머리카락을 짧게 밀며

귀밑머리에서 바리캉이 울 때
속으로 울었다
기계도 때로는 슬프다는 것은
김수영 시인에게 배운 것이다*
침대에서 나와 함께 떨어져 죽은 랩톱 컴퓨터
푸른 세척액을 피처럼 흘리며 부서진 나의 첫 자동차 같은 것들이다
제 머리 못 깎는다는 비구승
세속의 언니 사별 소식에 한숨짓는 비구니
폐차 보내는 애마가 길모퉁이를 돌아 사라지는 모습을 끝까지 지켜보는 이웃 사내
바리캉은 가까이서 울고
나는 속으로 운다
누군가를 위해 운다는 건 새빨간 거짓말
울지 말기로 하자
미련의 덕은 망각이기 때문이다

* "헬리콥터여, 너는 설운 동물이다"

무게

여성 역도 선수가 순번을 기다리며 명상한다
아이작 뉴튼처럼인가
날 버린 그놈, 나를 기른 엄마, 사랑, 어릴 적 꿈,
유별나게 쓰디썼던 초콜릿케이크일지도 모르지

명상 끝에 무대에 나와 덤벨에 입을 맞춘다
어떤 빌어먹을 공화국이든 조국, 엄마, 또는 졸망한 아이들에게일지도 모르지

예전부터 포환을 던지거나 근육질의 여성과 어찌 사느냐는 같잖은 사내들과는 달리
입맞춤의 은총을 그리는 식물남도 애시당초 있었지

태초에 무게가 있었다
크기와 부피도 있었다
미국 소설가 에리카 좋은 아이작 뉴튼 경과는 생각이 달랐다
땅으로 묶거나 잡아당기는 힘보다는 날아오르는 것이 두렵다

하지만 쇳덩이에 입맞추는 마음은
땅을 이기고 날개를 달고자 하는 꿈
무게를 이기고 살아 나가겠다는 것
소유는 무겁고 비참한 것
사랑은 늘 날아오르는 것

멍

피가 굳지 않는 약을 먹는 사람은 넘어지면 안 됩니다
멍들면 약이 안 들어요
나를 맡은 앤 해서웨이를 빼닮은 의사*가 말했다
하지만 인생, 알 수 없는 것
어제, 꼭 와야 할 가을비에 미끄러져 무릎을 깨고 엄지발가락께가 찢어졌다
멍들면 안 된다는 의사 목소리 메아리
하지만 가뭄 해갈하는 비 탓이니 어쩌면 반가운 아픔이다
어쩔 수 없었어요 멍들고 싶은 사람이 어디 있겠어요
사랑하다 죽는 것처럼
모두에게 이로운 비에 미끄러져
멍이 드는 건
아프지만 아름답지 않은가요
그래도 고맙게 죽지 않고
피도 멈추었습니다

* 강북삼성병원 신경과 문희수 선생님.

문어의 마음

먹으면 죽을 수도 있다
로미오와 줄리엣의 심장 모양도 문어 통발*이 되어 죽었다
사랑의 설렘도 스러지고
기쁨의 이슬도 마르면 문어의 마음이 찾아온다
밤이 되어야 캄캄한 바위틈에서 나오는 문어의 사랑
촉수 빨판의 애착을 잃어버린 상심에 사람도 죽는 슬픈 섭리

* 일본 어민들이 쓰는 '타코츠보[章魚壺]'.

바다의 마음

바다의 물때 중 바닷물이 가장 깨끗한 순간이 온다
그러나 소금기가 옅어져 물고기가 살기에는 혹독한 물과 때다

바다야말로 살아 있는 마음이다
플랑크톤, 작은 목숨들의 조홧속으로 사람처럼 푸른 멍이 들기도 하는 마음
해와 달의 조홧속으로 어느 순간에 빠져서
열 길 물속보다 알 수 없던 한 길 사람 속을 보여준다

살다 보니 바람의 마음, 바다의 마음도 알게 된다
사람의 마음은 끝내 다 알 수가 없다
모르는 게 약이다
몰라도 피비린내 나는 활극인데 알면 더할 것이다

밤 흰 꽃

밤 창가를 환히 밝힌 흰 꽃을 보네
지난날 꿈만 같던 날의 숲
쌀은 공산주의라고 누군가 말했다지만
이팝나무가 저렇게 키가 클 리는 없으니
밥 생각보다는 첫 입맞춤을 추억한다
아무도 죽거나 떠나지 않은 밤이지만
흰 꽃잎 날리고 떨어지는
낮부터 그리워지는 얼굴
자고 새면 오리라던 모든 약속은 어긋나고
내 마음에서 이미 죽고
그 마음에서도 내가 죽었을 사람은 감감무소식
늘 영혼에서 현실보다 5초 먼저 울리던 전화벨 소리도
잠자코 있을 뿐인 어둠 속 흰 꽃

밤샘이여 안녕

한 처음에* 밤샘이 있었다
푸르고 무서운 어리고 앳된 날
갑자기 사랑을 잃고 말았을 때
돌아눕고만 싶던 새벽의 기슭
요람을 흔들어주고
자장자장 달래주던 어머니
고된 일을 쉬는 한밤의 맨소래담
냄새가 가시고
부지런한 아침의 시셰이도** 분 냄새
사랑받은 기억
나를 저버린 사람들 또는 그녀의 기억
푸르고 무서운 그때 그 밤샘
세상엔 두 개의 밤, 두 개의 아침
간밤을 지새운 춤꾼 놀새***의 아침
닳고 닳은 머플러를 싸매고 노점 전구를 밝히는 노인의 새벽
나는 무슨 책을 읽었는가
누구의 입술을 맞추는 꿈을 꾸었을까
차츰 아득해지는 밤샘

삶을 바꾸려 분투할 때마다
사랑을 잃고 말았을 때마다
무섭고 푸르렀던 밤샘을
다시는 하지 못할지도 모른다
밤샘이여 안녕

* (신구교) 공동번역 『성서』의 첫 낱말 무리다.
** 資生堂. 일본 화장품 회사. 내가 토해낸 분유 젖내와 더불어 출근 준비 하는 내 어머니의 냄새였다.
*** 남한 '날나리'의 북한 말. 윤도현이 평양 공연에서 "보통강변의 놀새 떼"라고 함으로써 널리 알려졌다.

밥때와 컵라면 물이 덥혀질 사이

냉장고를 믿지 마라
아내의 당부에도
하루 묵은 김밥을 꺼내 들고
따뜻한 것이 그리울 거야,
목이 멜까 봐 정수기 뜨거운 물을 켠다
10분이면 따뜻해질 수 있다
기계도 사람도 못 미더운 연옥의 희망
기다려야 하고
기다릴 뿐인 사랑
이미 도착했지만
보이지 않는 사람을 찾는 시간의 악마
삶 또는 역사의 천사
식고 말라비틀어진 밥알 흐트러지는
한여름 정오
몇십 초 뒤의 구원을 기다리는 조바심

성난 성자

 가로수 그늘 아래 점심을 먹고 물 마시고 전화기를 들여다보는 초로의 건설노동자
 왜 늙은 크리스 노먼*이 생각날까
 자기 나라 날씨와 자신의 목소리가 안개 속 같아서 '스모키'라면
 저 사내는 '불'이나 '분노'여야 하리라
 그것도 성난 성자(St. Anger)**!
 국가와 자본은 그가 흐려져 스러지길 바랄 것이다
 행려병자로 죽거나 차라리 불타버렸으면 하리라
 대낮에도 횃불을 들고 불꽃병을 드는 그날이 오면

* 록 그룹 스모키의 가수.
** 록 그룹 메탈리카의 2003년 앨범.

소나기

소주나 라면을 사러
편의점 다녀오는 짧은 길에
눈이 나리거나
소나기 오는 날에는
모퉁이가 생긴다는 걸 아시나요
오늘 소나기에야 저는 알았습니다
무지개의 약속도 없이 캄캄한
빗물 스민 등허리가 섬뜩해서
따뜻한 살이 그립습니다
어린 날에 소녀 인형 사타구니를
들추었다고 엄마한테 빗속으로 쫓겨나
울다 울다 따스한 방앗간 기계에 볼을
갖다 대면 울음 딸꾹질이 겨우겨우 가라앉았지요
그런 모퉁이를 그리지만
함석 빗물받이만 눈에 띕니다
떨어지는 빗물 아우성만 귓전을 때리고 눈조리개가 흐렸다 닫힙니다

용대리 폭포

언 폭포가 지난여름 돌아보듯
사랑하고 흐르던 때를 기억합니다
여전히 꿈꾸지만
얼어붙거나 속절없이 흘러가버리는 세월입니다
언젠가는 따뜻한 눈물에 녹기를
기다리는 마음
가만히 입맞추는 정지를 훼방 놓는 빙판에는
수습 못 할 마음만 사금파리로 반짝입니다

소란한 날의 애가

 축제인 듯 소동인 듯 달떠 있는 따스한 저녁 무렵이면 당신이 보고 싶습니다
 울진 않지만 천천히 조금씩 서글퍼집니다
 사춘기 때 당신은 꿈마다 얼굴이 지워진 채로 오곤 했지요
 나는 수정을 차고 포승에 묶여 당신을 스쳐 지나갔습니다
 시청 앞 정동교회 지하께에 있는 옛날 검찰청사로 통한 지하통로였죠
 수정이라니, 아! 감옥에서 수갑을 왜 수정이라고 하는지 참 턱없는 詩입니다
 수정 반지도 아닌데 말입니다
 사람들한테 말할 때 저는 당신이 아름다운 여성이 아니라고,
 군에 간 친구가 행군할 때 "뭘 봐 새꺄 눈깔 먹물을 쪽 빨아버릴라" 했다는 공수특전단 여군 병사 비슷한 양 이야기했지만
 실은 당신은 아름다웠습니다
 당신의 어깨까지 드리운 머리칼은
 아직도 제 영혼에 굽이치고 있단 말이에요

제게 선머슴 같은 당신의 상이 맺힌 것은
나의 어머니 그리고 몇몇 점쟁이가
제겐 엉덩이를 차줄 씩씩한 색시가 어울린다는 말이 암시가 된 까닭입니다
제 사주에는 '불'이 결핍되어 '불'을 가져오는 여성이 좋다는 것이었습니다
이런 저녁 무렵에 당신이 그리운 이유는
단 한 가지
사랑했으니까.
숲에선 머리칼을 풀어헤치고 나무 위에 앉아 쏴아 파도소리로 노래하고
도회지에서는 어디선가 두런거리는 목소리로 나를 부르는
당신을 사랑하니까.

외딴 아이스크림 창고

어느 날 대단지 아파트 앞
은성한 커피집에서 팥빙수를 먹고
배앓이를 했다
지나가는 풀꽃이 어질어질 흔들리고
행복했던 옛날과
안타까운 어제가 아득해지고
갑자기 한 사람을 죽이기 위해
전 우주가 무장할 필요는 없다는
파스칼의 말이 생각났다
갈대를 스쳐 지나가는
배앓이하는 갈대
갑자기 웃음이 치밀었다
겨울에 죽은 횟빛 갈대가 작은 공장들 사이에서 삐죽삐죽한 들판 구석 아이스크림 창고
누군가의 달콤한 인생이 동면하고 있을까
또는 곧 해방되어
누군가에게 여름의 기쁨 또는 해갈 또는 작은 불행 배앓이를 줄까
갈대는 생각하지만

자꾸 목마르다
외딴 냉동고의 고독과 냉정이 그립다

이름표의 서정

원주 남부시장 명찰집 노인이 노랑 실로 구순 장모님 이름을 새긴다
선생님 손녀가 몽골서 사 온 캐시미어 모자에도
일본 옷 회사에 대항한다는 탑텐 스웨터에도 가지런히 새겨지는 이름
사내아이가 아니라서 섭섭하다고
어김없이 붙은 이름 끝 글자 섭 자가 마저 새겨지고
실밥 끄트머리를 뽑아버리는 노인의 품새가
일제 강점기 의열단원처럼 단호하다
실로 아로새기는 모국어 이름이 지난날 철필로 새겼던
믿을 수 없는 자주, 민주, 정의라는 낱말들처럼
흐려지고 지워지지 않으려는 명찰집 노인은
오늘도 행여 요양원에서 잃어버리지 말라고 구순 장모의 이름과
국가와 부모에게서조차 버림받는 어린 학생들 이름을
미싱 바늘로 박아 새긴다

장마의 첫날

수제비와 희고 달디단 배추겉절이
인도 여인의 빈디처럼 찍힌 고춧가루
패티 페이지의 노래가 흐르고 말들이 평원을 질주한다
사랑의 안부에 인생이 실려 간다
사랑하지 않았다
점점 미워지는 거울 속 나를 떠나
그대 쪽으로 멀어지고자 했을 뿐
소나기 커튼 위에 얹힌
호랑이가 짝을 짓는 전설의 햇살
시린 바람 한 자락 찾아온 장마의 첫날

전갈과 먹구름

나는 한 마리 전갈
태양보다 먹구름이 안온하다
누구 목숨을 앗을 만큼
쫓기며 살지 않았고
단단한 갑각보다는
빵처럼 보드라운 살을 그리워한
식물의 사랑이었어
사막은 먼 옛날부터
길 잃은 이, 길 찾는 이들이
함께 사는 곳
잔인한 태양과
주리고 목마른 나그네의 전장
반가운 먹구름

청동의 여인

서른 사람 남짓 사는 북쪽 얼음 섬마을*에서
아내는 저기 초록 지붕 집에서 태어났노라는 노인이 들려준
물개 아내의 전설
어부가 옷을 훔쳐 가 어쩔 수 없이 어부의 아내가 된 물개가 마침내 가족에게 돌아갔지만
어부가 모두 사냥해버렸다는 이야기
얼음 섞인 눈보라에 서 있는 청동의 모습으로 남은 슬픔
인어공주보다 더 오랜 스산한 동화

* 덴마크령 페로 제도

초록 등대

싸락눈처럼 고운 멸치
나의 살과 피, 피붙이의 목숨을 잇기 위해
가득한 그물에 어부가 휘청 등이 휜다
먼 듯 가까운 듯 파도 위에 돋을새김 초록 등대
늙은 기타리스트의 기른 엄지손톱
흐린 가로등 불빛에도 반짝이는 강아지 깜장 코
새삼 살아가기로 한다

푸른 가출

아슬한 난간에 기어이 올라서서
푸른 길 하나 찾아야겠다
그대 가슴에 파묻혀 듣는 심장 뛰는 소리가
너의 길을 가라
너의 길을 가라
들리는 걸 용서하길
사랑아, 마지막 밤 아무것도 모르고
뒤척이는 소리일까 가위눌리는 소리일까
나지막이 나를 향해 흐느낀다 해도
아무래도 가야겠어요, 어머니
하늘과 바다가 끝에 보이지 않아도
두 팔 벌려 평균대와 높은 담벼락 위를 달리던
우리 용감했던 시절로 돌아가려 하네
바람과 마주서서
영원히 집을 짓지 않는 시인과
벼랑과 골짜기의 장엄한 황혼 만나러

탐침

북녘 반쪽 조국에 김봉한이라는 의사가 있었다
그는 기가 흐르는 경락이 우리 몸에 실제로 있다는 걸 실증했다고 한다
북녘은 석유라도 찾아낸 것처럼 반겼다
그는 숙청되었다
동생의 아내와 부적절하게 사랑한 끝에
식솔을 모두 이끌고 귀순한 평양의과대학의 김만철이라는 의사도 있었다
어깨가 몹시 아파서 한의원에서 전기 침을 꽂고 두 의사를 생각했다
나의 나라이기도 한 그들의 조국,
그들을 움직인 그놈의 사랑 때문에
저릿한 핏줄
내 몸의 애자를 타고 그 죽일 놈의 사랑이라는 게 전기처럼 흘렀다
어느새 벌거벗고 물에 들어가면
소스라치는 계절은 왔고
바람은 차서 알 수 없는 설움과 소름을 핏줄에 끼친다
사원의 두 기둥인 그대 다리 사이*

오라, 그대 안 따뜻한 동굴 속에 깃들일 시간
아기 때 활짝 열려 있다가
이제는 닫혀버린 정수리
잘려버린 신줄
잊히고 식은 우리 옛사랑

* 칼릴 지브란, 『또 다른 여인이 나를 낳으리라』.

산수유

북쪽 산수유는 겨우내 마른 가지 그대로랍니다
남쪽 구례
산수유 핀 소식은 들었습니다
봄 노란빛은
게이트볼하는 노인들 위에도
뛰노는 개들 위에도 비칩니다
평화 있느냐고 물으면
말수부터 적어지는 날들이지만
사랑이 모자란 것은
계절이 아니라 사람 마음 탓이라서
아린 봄빛 핑계를 대고서
그대 맺힌 눈을 감습니다

聖 겨울 쪽지

나무도 아닌 시멘트 전봇대
세찬 바람에 뒤틀리며 펄럭이는
스카치테이프 손가락 마디만큼 붙은 쪽지
급구 주방 보조
먹고사는 이가 먹고살려는 이를
간절히 찾는다
그나마 매정한 세파는
전봇대마다 뾰족 돌기 판을 씌워
발도 붙이지 못했다
눈 쌓인 응달에 외로이 서서
휘파람은 불지도 못한 채
바람 따라 울면서 펄럭이는
겨울 쪽지

해월海月

간밤에
버겁고 아픈 삶이라고 탄식했다
바다와 달이라는 이름의 최시형 선생을
떠올리고 미망의 잠에서 깨어났다
속절없이 통풍이 올라왔지만
관군이 정강이뼈를 부러뜨린
바다와 달의 사내 해월 따라 절뚝이며 하늘에 기도를 바친다
장검이 내 목을 겨누고 들어와도
나는 오로지 저 말 없는 하늘이 두려울 뿐이다
해월의 말씀이다
이 삶을 견디고 버티는 수밖에 없다

화천 가는 길

흐르는 북한강
눈송이들이 물속으로 빠지던 곳
무수한 흰 눈꽃송이들이 물에 닿으면 사라지고 사라지며
사라진 자리에 눈발이 자유롭게 흔들리며
푸른 강물로 낙하하던 곳

진눈깨비도 사라지고
잔설은 자취도 없다
이제 모두 녹아 멸망하거나
눅진하게 지리멸렬하는 계절이 올 것

칼바람이 가난한 이들과 이방인, 시인을 종이 인형처럼 지상에서 도려내던
참혹한 전설도 이제는 끝
납땜인두로 풍경에 녹아 달라붙어 몇천 년 화석으로 남을 뿐
외침과 밀어, 고백과 설레는 가슴, 거룩한 고해도 끝
초혼 당한 여신들의 이름을 딴 여름 폭풍, 가을 폭풍만 다가올 것

환멸

공터 풀숲에 삐죽이 솟은 들꽃송이
결국 우리는 혼자로 돌아갈 것이다
그러므로 나를 위로하기를
내가 위로해도 사람은 왔다 가고
세상은 멸망하지도
다시 태어나지도 않는다
그러므로 내가 환멸하고
나를 환멸하기를

해설

저항하는 행위자의 사랑

신상조
(문학평론가)

1. 아웃사이더적 인간

각종 사회관계망서비스(SNS)를 통해 끊임없이 '나는 누구인가'를 광고하며 살아가는 현대인에게 자신의 존재 증명은 유무형의 재화를 얼마나 소유했느냐에 좌우된다. 무엇을 가졌고 그것을 어떻게 누리느냐는 오늘날 존재 인식의 근간을 이룬다.

문제는 다른 무엇보다 물질적 소유만이 사회적 신분을 결정지을 만큼 절대적 기준으로 작용한다는 점이다. 로마는 국가적 위기 상황을 맞았을 때 국가를 위해 자기 자식(프롤레스, proles)밖에 내놓을 게 없는 사람을 프롤레타리우스(proletarius)라고 불렀다. 이 단어에서 무산자, 노동

계급을 가리키는 프롤레타리아트(Proletariat)라는 독일어가 생겼다. 가난한 사람들을 가리키는 프롤레타리아트의 기준은 단 하나, 물질이다. 영혼 없는 구분은 이외의 다른 자산들을 플라톤의 이데아처럼 끝끝내 도달하지 못할 추상적 지표라거나 무덤에 파묻어버린 낡은 유물처럼 취급한다. 오로지 물질적 재산의 소유 정도가 '나'의 능력과 자격과 주권을 결정하는 것이다.

산업과 자본이 소비문화를 주도하고 물질을 전제로 자아를 셈하는 시대에, 홍대욱의 시는 자본주의적 체제 바깥으로의 필사적 탈주를 시도한다. 그는 우선 세상이 부여한 "낙인"을 거부한다. '낙인'은 "잠시 내 인생에 붙었던 죄수 번호"이거나 "주민등록번호"와 같이 "천부 인권처럼 태어나면"서부터 받아 가지는 것들이다. 그는 "깨닫노니/ 숫자의 세상은 멸망해야 마땅하"다고 말한다. "시인은 살갗에서 숫자란 숫자"는 모조리 "샌드페이퍼로 갈아내고/ 끌로 파내고/ 피칠갑 되었다가/ 저 사내 등에 피어난 풀꽃" 문신처럼 "불도장 찍어야" 한다는 것이다. 시인의 어조가 이토록 과격한 이유는 인간의 가장 내밀한 자아가 숫자로 곧장 환원되는 곳, 숫자를 "신의 은총"으로 여기는 이곳이 바로 "지옥"(「꽃 문신의 사내」)이기 때문이다.

세계의 속성이자 통치술로 기능하는 숫자에 대한 증오 다음으로, 시인은 아예 숫자의 나라에서 추방당하기를 기도한다. "꿈, 미련, 사랑, 미움, 모두 놓고서"는 "악몽이 우리를 다시 낳을 수 있을 뿐"이므로, 그의 기도(企圖)는 세상으로부터 "버림받거나 지상에서 오려진"(「객사」) 자로 '객사'함으로써 완성된다. 온건한 삶을 벗어나 '길'에서 죽기를 각오한 사람은 남들이 사는 방식을 좇아가는 데에는 무심하다. 그는 구획된 체제 바깥에 구원이 있음을 안다. '뜻 없고 덧없는 숫자'를 버리고 세상 바깥으로 떠돌다 '객사'해야만 역설적으로 죽지 않고 살아갈 수 있다고 믿는 시인은 대체 어떤 길을 가고 있는 걸까? 그 길을 따라가 보자.

  길이란 목적지를 향한 것이면서
  나 자신이고 나의 삶이기 때문에
  군위에서 동대구, 부산 가는 길 차창엔
  아나키스트와 마르크스주의자의 얼굴이 어리고
  남원으로 곡성 가까이 가는 길엔
  동학농민군과 국토의 시인 피맺힌 노래가 어린다
  ―「남원 가는 길」 부분

시인의 주석에 따르면 아나키스트는 "하기락 선생님"이고 마르크스주의자는 "고 김수행 선생님"이다. 또한 동학농민군과 국토의 시인은 "조태일 시인"이다. 주지하다시피 하기락은 20세기 후반 한국의 대표적인 아나키스트라 불리는 사람이다. "반권위적이고 반국가적인, 그래서 자유롭고 평등한 민주주의적인 개인, 사회, 자연을 만들 수 있는 새로운 사상"이 아나키즘이다. 대단히 계급적이고 권위주의적이며 국수적일 정도로 배타적 민족주의를 견지하는 한국에서 과연 하기락이 뼛속까지 아나키스트였는가에 대한 의문과는 별개로, 시인의 '남원 가는 길'이 아나키즘과의 동행이었음이 중요하다. 김수행은 대표적 마르크스주의 경제학자이고 조태일은 독재에 항거하다 여러 번 투옥된 경력을 가질 만큼 실천과 창작을 나란히 한 시인이다. 이들 모두는 홍대욱 시인이 모범으로 삼는 "얼굴"들로, 끈질긴 저항 의지를 취하면서 현실에 대한 부정적 정신으로 일관하는 '길'을 가고자 하는 시인 삶의 자세를 드러낸다. 이러한 시인이기에 「겨울 원행遠行」에서의 고백은 아마도 진실이다.

  할 수만 있다면 멀리 가고자 했다
  돌아올 일이 아득했지만
  주저앉아 못 만나고 가 닿지 못하기는 싫었기 때문이다
  꼬마가 비눗방울을 날린다
  뾰족한 못 앞의 풍선처럼 위태로웠던 삶도

전하지 못한 연애편지의 원혼―허물다 만 벽의 낙서도

저 뒤로 멀리멀리

찬바람이 비눗방울을 날리고 터뜨린다

내 꿈은 언제 깨졌을까

누구 하나 붙들고 물어볼 새도 없이

저 뒤로 멀리멀리

멀리 가면 돌아오기 싫어지기를 꿈꾸며

멀리멀리

―「겨울 원행遠行」 전문

"저 뒤로 멀리멀리"가 반복되고 "멀리멀리"로 마무리되는 이 시는, '앞'이 아닌 '뒤'라는 방향성과 '멀리'라는 중심에서의 거리감을 통해 화자 스스로 아웃사이더가 되고자 함을 드러낸다. 콜린 윌슨에 따르면 아웃사이더란 문자 그대로 국외자(局外者) 또는 열외자(列外者)란 뜻이다. 어떤 집단이나 사회, 어느 패거리를 막론하고 그 사이에서 원만하게 지낼 수 없는 사람이 아웃사이더다. 그러므로 "할 수만 있다면 멀리 가고자"하는 길 위의 주체는 관조와 성찰의 자세로 '구름에 달 가듯이 가는' 초월적 나그네와는 거리가 멀다. 기계문명과 물질문명이 고도로 발달한 시대에 인생의 존재 의의나 진실한 의미에서의 삶을 고민하는 아웃사이더적 인간은 자연히 방황하게 되며, 끝

없는 순례의 길을 떠나게 된다. 아웃사이더로서의 삶은 "뾰족한 못 앞의 풍선처럼" 위태롭고 불안하다. "전하지 못한 연애편지"로 말미암아 미련과 상흔을 간직한 그의 영혼은, 겨울 "찬바람이" 기어코 "비눗방울" 같은 자신의 꿈을 터뜨리고 말았음을 확인하는 상실의 여정을 걸어간다.

2. 정념으로 타락한 인간

"고대인들은 씨 뿌리는 날/ 흙바닥에서 성교했다/ 무릎 까지며 포도알 같은 눈에 혀를 갖다 대며/ 죽을 지경이라면서/ 정작은 전기와 기계의 힘으로 사는 우리/ 언제 제힘으로/ 불새처럼 타오를 수 있을까"(「죽을 지경이라면서」)를 염려하는 근저에는 '불새'의 이미지가 환기하는 강렬하고 뜨거운 정서적 에너지가 존재한다. 요컨대 홍대욱의 시에서 길 위에서의 삶은 정념으로부터 추동된다.

인간을 움직이는 결정적 동력이 이성적 인식이나 합리적 관념보다 감정에 좌우된다는 생각이 정동(affect)을 중심으로 폭넓게 받아들여지고 있다. 프랑스의 대표적인 진보 경제학자이자 정치철학자인 프레데리끄 로르동(Frederic Lordon)은 "인간은 본질적으로 정념적이다. 인간은 그것을 하기를 욕망하도록 결정되지 않고는 그것을 하지 않는다. 그리고 그러한 결정은 인간 안에서 정서에 의해, 그리고 그 뒤에 이어지는 능동적 충동의 새로운 방향들에 의해 작동한다."라고 말한다. 우리가 무언가를 하도록 만들거나 하지 않게 만드는 차이가 결국 정념의 동반 여부에 달려 있다는 그의 지적은 홍대욱의 시에서 '고카페인'이라는 용어와 결합한다. 자율신경계의 특정 부위를 자극하는 각성제로서의 카페인 효능을 육체가 아닌 정신에 적용한다면, '고카페인 김수영'이라는 말은 김수영의 시가 시인의 정서에 작용해 능동적 충동을 불러일으켰다는 의미가 된다.

    피 한 방울 없는 국어책, 영어책, 수학책으로 죽어갈 때
    담배를 비벼 끄고, 그림 그리는 학생 사촌형의 테레빈유를 문질러 해어지고 얼룩진 시집 거대한 뿌리
    아침은 본드, 점심은 각성제, 저녁은 김수영의 거대한 뿌리를 달여 마시고 살았다
    정신이 놋주발처럼 쨍쨍 울리고
    좀벌레의 솜털만도 못한 국어책의 악령들이 뽑혀 나가고
    활자들은 타올라서 살갗에 불도장을 찍었다
    그 힘으로 애꾸가 되지 않았고 미국놈 좆대강이나 빨지 않았고 반동이 되지 않았다
    김수영, 나의 힘, 나의 레드불, 나의 악마
    —「고카페인 김수영」 전문

"아침은 본드, 점심은 각성제"로 살았다는 고백이 반항과 일탈로 일관한 화자의 거친 청소년기를 말해준다. "피한 방울 없는 국어책, 영어책, 수학책으로 죽어"갔다는 표현은 성인이 된 이후의 해석이겠으나, '꼰대'에 다름 아닌 기성세대와 그들이 꾸려가는 경직된 세계에 대한 반감의 크기는 예나 지금이나 변함이 없다. 다양한 해석의 통로를 차단한 채 정답만을 요구하는 교과서, 동의(同意)를 바탕으로 하지 않는 어른들의 일방적 훈육을 버리는 대신 그는 담배와 그림과 김수영의 시를 얻었다.

 홍대욱의 시에서 김수영의 시에 대한 경도(傾倒)를 발견하기란 어렵지 않다. 가령 시인은 "기계도 때로는 슬프다는 것"을 "김수영 시인에게 배운"(「머리카락을 짧게 밀며」) 바 있다. 뜨거운 태양 아래에서 "비로소 김수영 시인이 비숍 여사와 연애한다는 문장이/ 무슨 뜻인지"를 "어렴풋"(「라볶이를 먹는 법」)이 깨닫기도 한다. 아마도 이때 그는 "조선은 일종의 약탈 국가다."라던 비숍 여사의 글을 떠올렸을 터이다. 비숍 여사가 지적한 대로, 부조리에 마비된 상위 계층은 아무런 일도 하지 않은 채 하위 계층을 착취하던 당시 조선의 '약탈 구조'가 수정되기는커녕 고스란히 재현되는 현실 앞에서 분노했으리라.

 본드와 각성제가 영혼의 상처를 일시적으로 잊게 만드는 진통제에 불과했다면, 어떤 상황에서도 반성하고 성찰

하고 움직이려는 의지로 충만한 김수영의 명령적 어조는 그를 불편한 의심과 질문 앞에 세워둔 것으로 보인다. 알랭 바디우는 철학의 목표가 무비판적으로 믿어왔던 세계를 삐딱하게 보도록 "젊은이들을 타락시키는 것"이라고 말한다. 그런 의미에서라면 기존의 의견들에 대한 맹목적 복종을 거부하는 사람으로 화자는 훌륭하게 '타락'했다. 그의 타락한 상황은 오늘날 다음과 같다.

그대가 선물한 이 물병 두 개
무슨 사연이든 스러지는 날까지
버리지 않을 거예요
우린 한 손에 쏙 드는 물병만으로
모세처럼
로자처럼
그랑 부르주아를 단숨에 경멸할 수 있는
특별한 계급입니다
애너벨 리일 수 있는
애너벨 리를 사랑할 권리를 가진
지상의 특권 계급
날개가 꺾이고 불탄다 해도
입에 문 꽃가지도
고통이라는 껌도 뱉지 않을

불량한 천사들
우리 계급에 속한
많은 순교자들이 있었습니다
지난겨울 지상에서 도려내진
이주노동자들
컨베이어 벨트에 휘감겨 죽고
강철과 강화유리 문틈에 끼여 죽고
달세를 못 낸 그이와 아빠 손에
목 졸려 죽고
강간당한 애너벨 리들
이 불타는 지옥에서 한철을 견딜
물병을 두 개나 가졌으니
나는 얼마나 행복한가요
―「두 개의 물병」 부분

  물은 생존을 위한 최소한의 조건이자 필수적 조건이다. "이 불타는 지옥에서" 생명수와도 같은 물을 담을 수 있는 물병을 두 개나 받았으니 자신이 얼마나 행복한 사람이냐고, 시인은 그것들을 선물한 "그대"에게 쓴다. 이 시가 부정의 대상으로 삼고 있는 "그랑 부르주아"는 부르주아 중에서도 특별한 클래스(class)를 가리키는 것으로 여겨진다. 화자의 '한철'이 지옥에서 보내는 계절임은 저러한 특별한 등급의 부르주아들과는 정확히 반대쪽의 등급인 "순교자"들의 편에 서 있기 때문이다. 시인은 '지난겨울 지상에서 도려내진 이주노동자, 컨베이어 벨트에 휘감겨 죽고 강철과 강화유리 문틈에 끼여 죽고 달세를 못 낸 그이와 아빠 손에 목 졸려 죽고 강간당한 애너벨 리'들의 편에서 그들의 목숨과 인권과 생존을 위한 투쟁으로 목마르다. 물병을 선물 받고 감격해하는 언술은 비정한 세계와의 이 같은 대응 방식과 상관성을 갖는다.

주목할 건 긍정적 삶에 빗대기 위해 직유법을 통해 호명되는 인물들이 모세와 로자라는 점이다. 알다시피 모세는 고대 이집트 땅에서 오랜 노예 생활로 고통 중에 있는 동포 히브리 민족을 탈출시켜 독립하게 만든 인물이다. 어려서 이집트 왕가에 입양된 처지였으니 왕자로서의 명예와 부귀영화를 버리고 오늘날로 치면 여든의 노구를 이끌고 독립운동에 뛰어든 셈이다. 또한 로자 룩셈부르크는 폴란드 출신의 독일 마르크스주의자이자이다. 그녀의 자본축적론은 자본주의가 현 단계에서 생존해 나가면서도 궁극적으로는 몰락할 수밖에 없는 이유를 제시했다는 점에서 의의가 깊다. 레닌주의 비판자이기도 했던 로자 룩셈부르크가 이른바 의용군에게 살해된 채 란트베어 운하 속으로 던져졌다는 서사는 그녀가 혁명가인 동시에 당대의 "애너벨 리"이기도 했음을 환기한다.

모세와 로자로 대변되는 인물과 인물의 연계성, 화자가

"많은 순교자들"을 향해 "우리 계급"에 속한 사람들이라고 칭하는 전후 맥락을 추론해본다면 시에서의 '물병'은 '투쟁'과 '희생'이라는 상징적 메시지를 갖는다. 홍대욱의 시는 '이 시대의 순교자들'이라는 발화점으로부터 시작해서 그들의 삶을 위한 투쟁과 희생으로 번져나가는 '말의 행위'다. 그런즉 시인에게 행위의 우선적 무기는 '시'가 될 수밖에 없다. 책장에 꽂힌 책등을 보면 시집이란 고작 "1센티미터의 우주"에 불과하다. 그러나 시인은 "세상에 쓸모가 없거나/ 타오르지 않는 시는 없"(「1센티미터 책등의 우주」)다고 믿는다. "조선민주주의인민공화국 최고재판소 군사재판부가/ 시인 임화에게 사형을 선고한 날"이 실재할지라도 "레지스탕스 사무엘 베케트가 프랑스인 동지의 전문을 되도록 짧은 영어로 옮긴 것"처럼 시인 역시 "암호처럼" 세상에 "타전해야 할"(「먼지 연옥」) 시를 쓰고 또 쓰려는 이유가 그것이다.

3. 이름의 벽 앞에 선 인간

"아무래도 가야겠어요, 어머니"(「푸른 가출」)라고 시인은 노래한다. 시적 정념에 의해 타락한 화자는 주어진 삶을 무감각하게 살아가는 단계를 넘어 진정한 감각의 충위로 진입한다. 닫힌 감각에서 열린 감각으로 전이되는 과

정에 동반되는 것은 '흐려지고 슬픈 것들의 이름'과 '떨어지고 흩날리는 것들의 이름'에 대한 기억이다.

    잠실에서 성남으로 질러서 가는 약진로라는 지름길이 있다
    늘 내 사랑은 모자랐고 닿지도 않았다
    야근을 마치고
    오늘처럼 으슬한 날이면
    은성한 석촌호숫가 불빛들을 뿌리치고 버스를 집어타고
    따끈한 백합탕을 그리며 집 큰길 건너 포장마차를 향해
    비약하고팠지만, 그저 약진해 나아갔다.
    내 사랑 푸른 소주병
    카사블랑카에서 클라크 게이블, 자욱한 럭키스트라이크 연기
    간유리처럼 흐리고 뽀얀 국물 밑 보이지 않는 그대 마음과 아득한 앞날
    지난날 피 묻은 손수건처럼 더럽혀진 떡볶이집 붉어진 냅킨 위의 시
    흐려지고 슬픈 것들의 이름은 모두 꽃의 이름
    폭풍의 이름은 모두 하와의 후예
    떨어지고 흩날리는 것들의 이름을 기억하며
    ―「그때」 부분

「그때」는 "잠실에서 성남으로 질러서 가는 약진로라는 지름길"과 그 길을 따라가면 만날 수 있는 포장마차, 그리고 그 포장마차에서 백합탕을 안주로 소주를 마시던 '그대'와의 추억을 회상하는 시다. 이를테면 둘의 정겨운 대화는 험프리 보가트가 주연한 영화 〈카사블랑카〉에서 다시 클라크 게이블이라는 배우 얘기로 옮겨간다. 그렇지 않고 버트 히긴스가 히트시켰던 노래 '카사블랑카'를 배경으로 클라크 게이블 주연의 영화를 본 감상을 나누었다고 한들 무슨 상관인가. '그대'의 마음은 "간유리처럼 흐리"거나 뽀얀 백합 국물처럼 밑을 보여주지 않아서 '나'의 애를 태우지만, "럭키스트라이크 연기"가 자욱이 흩어지는 사이 주고받는 서로의 눈길 속에서의 만남은 더없이 감미로웠을 터이다.

그러나 화자가 느꼈던 "아득한 앞날"에 대한 불안은 생존의 비애와 현실의 부조리에 가닿는다. "내 사랑 푸른 소주병"을 외치는 목소리에는 눈물을 웃음으로 초탈하는 경쾌한 비애의 철학이 묻어난다. 웃음의 표면과 눈물의 이면이 멜랑콜리의 장력으로 서로를 끌어당기는 포장마차에 앉아 젊은 그는 "피 묻은 손수건처럼 더럽혀진 떡볶이집 붉어진 냅킨 위"에 시를 쓴다. 구차하도록 간절했던 시 외에 이제 무엇이 남았나? 흐려지고 슬픈 것들, 떨어지고 흩날리는 것들이 환기하는 이름과 그 이름들에 대한 기억이 남았다. 시인은 그들을 일컬어 사람다운 "사람"이라 호명한다.

   대학생 군사훈련 유격장에도
   사람은 있었다
   그 인간다움은 초임 장교 훈련 때 유격장 꼭대기에 지고 올라와 얼음물에 담근 환타를 파는 행상 할머니에게
   배웠노라고 했다

   발레파킹 노동자였을 적에
   내리꽂히는 한낮의 햇살 죽창을 피해
   함석 부스로 도망치면 얼음 콜라가 있었다. 당번 동료가 아침에 제빙기에서 갖다 놓고 일찍 출근한 동료는 1.5리터짜리를 사 들고 온다
   노동자의 벗은 노동자뿐
   겨울엔 손난로와 라이터 휘발유를 선물받았다
   삼성노조 고공농성에 응원의 경적을 울린 것은 택시 노동자
   오로지 처마시면 심장을 망가뜨리고 이와 **뼈**를 녹여버린대서 끊었지만
   그 옛날 사람이 살던 때에
   나를 또 살렸던 그리운 얼음 콜라
   —「그리운 콜라」 전문

화자가 "대학생 군사훈련 유격장"에서 만난 장교나 "발레파킹 노동자였을 적에" 만난 "당번 동료", 그리고 삼성 노조 고공농성에 응원의 경적을 울린 택시 노동자는 나름의 소박한 방법으로 타자와의 연대를 실천한다는 공통점을 갖는다. 특히 장교의 "인간다움"은 그가 "환타를 파는 행상 할머니에게"서 배웠다는 데서 더욱 감동적이다. 인간을 인간이게끔 하는 특징이 인간성에 있다면, 초라한 행상 할머니에게서 선한 영향력을 받은 사람은 그 역시 인간성을 발견할 줄 아는 참된 인간이기 때문이다.

시인은 이들 세 명을 "그 옛날 사람이 살던 때"에 만난 적이 있다고 고백한다. 사람 같은 사람과의 만남을 '옛날'로 한정하는 언술에는 타자에 대한 연민과 온정이 사라진 세태를 문제 삼는 시인의 태도가 반영되어 있다. 시인이 보기에 현대인들은 오로지 자신밖에 모르고 자신의 이해관계에만 충실하다.

이러한 홍대욱의 시가 어디에서 시작하는가를 묻는다면 시인은 누군가의 '이름'을 매번 호명할지도 모른다는 생각이 든다. 그의 시에는 숱한 인물들이 등장하는데, 시인에게 사상적이거나 예술적인 영향력을 미친 사람들이 다수를 차지한다. 강경애, 김만철, 김봉한, 김수영, 김수행, 김평일, 남현희, 로자, 마리아 페이스풀, 모세, 사무엘 베케트, 앤 카슨, 이강국, 전인권, 전태일, 조태일, 칼릴 지브란, 크리스 노먼, 파스칼, 패티 페이지, 프랑소와 사강, 하기락, 해월 등이 그러하다. "거리에서 짓밟혀 죽은" 귀정이와 "죽임을 당해 철길에 버려진"(「겨름의 시간」) 태순이는 엄혹한 군사 시절에 '맞아 죽고 욕조에서 질식해 죽은 이들'을 대신하고, 동학농민군이나 건설노동자 등 특정 집단의 이름은 소외된 민중 계층을 대표한다. 또한 "발칸 산맥 아래에서" 태어나 평생을 "전화교환원 점원, 농군"으로 부지런하게 살아온 "이리나"와 "그녀의 어머니 쏘프카 할머니"(「발칸의 이리나」)는 다른 이념을 가진 다른 장소의 사람들이지만, 동시성과 공시성의 세계 안에서 우리가 하나임을 드러내는 인물들이다.

 그러므로 우리들의 시선이 시집의 출발 지점이자 중심 좌표의 역할을 감당하는 서시 「이름의 벽」으로 되돌아감은 당연한 귀결이라 하겠다. 되짚어보니 시인이 품은 문제의식의 징후가 역력한 「이름의 벽」은, 『이름의 벽』을 관통하는 해독(解讀)의 훌륭한 근거가 된다. 시인은 푸른 이끼 낀 벽 앞에 서서 "사랑을 기억"한다고 쓴다. "푸른 이끼"는 그 '벽'이 정념의 다른 이름인 "눈 가려진 사랑"이 세운 오래된 미래임을 말해준다. 동시에 "세월에 갇힌 글씨"는 사랑에 갇힌 시인의 운명적 쓰기를 표상한다. 요컨대 그는 언제든 벽 앞에서 "사랑을 기억"할 것이고, 맹목적인 시인의 사랑은 그들의 '이름'을 영원히 써나가는 것이니……

선유도 폐 정수장 푸른 이끼 벽 앞에 서서

사랑을 기억한다

눈 가려진 사랑이 다시 세워진 벽

어느 날 우리

눈빛의 방아쇠를 당기고

달구어져 무른 쇠의 몸

불꽃을 나누었으며

들꽃의 모가지를 바쳐 무릎 꺾었다

이 길은 아무것도 모르고 이끌려 왔다가

그대 입술에 숨겼던 길

너로 들어가는 험한 길

나로 돌아오는 험한 길

그칠 줄 모르는 전쟁의 시대

사람이 죽는다

사랑이 죽는다

살을 헤집고

뼈를 부러뜨리는 너란 강선腔線

탄피는 쩔그렁거리고

나의 등은 피가 터져

세월에 갇힌 글씨가 물드는

이름의 벽

사랑을 기억하리니

—「이름의 벽」 전문

달아실에서 펴낸 홍대욱의 시집들

『세상에 없는 노래를 위한 가사집』(2022)
『도대체 대책 없는 낭만』(2023)

달아실 기획시집 44

이름의 벽

1판 1쇄 발행	2025년 7월 23일
지은이	홍대욱
발행인	윤미소
발행처	(주)달아실출판사
책임편집	박제영
디자인	전부다
법률자문	김용진, 이종진
기획위원	박정대, 이홍섭, 전윤호
편집위원	김선순, 이나래
주소	강원도 춘천시 춘천로 257, 2층
전화	033-241-7661
팩스	033-241-7662
이메일	dalasilmoongo@naver.com
출판등록	2016년 12월 30일 제494호

ⓒ 홍대욱, 2025
ISBN 979-11-7207-058-8 03810

이 책의 일부 또는 전부를 재사용하려면 반드시 저작권자와 (주)달아실출판사
양측의 동의를 얻어야 합니다.

* 잘못된 책은 구입한 곳에서 바꿔드립니다.
* 책값은 뒤표지에 표시되어 있습니다.
* 이 책은 **강원특별지치도**, 강원문화재단으로부터 제작비 일부를 지원받았습니다.